DE KUNST VAN HET VERHALEN VERTELLEN BEHEERSEN

Hoe de aandacht trekken en effectief communiceren met elk publiek

DE KUNST VAN HET VERHALEN VERTELLEN BEHEERSEN

Hoe de aandacht trekken en effectief communiceren met elk publiek

geschreven door Nicolas Martin
vertaald door Nikki Claes

DE KUNST VAN HET VERHALEN VERTELLEN BEHEERSEN

- **Wat is het probleem?** Hoe kunnen we effectief gebruik maken van storytelling, deze modieuze verteltechniek?

- **Waarom is het nuttig?** Verhalen vertellen is op alle gebieden aanwezig. Daarom is het van essentieel belang de grondbeginselen te begrijpen en de mechanismen te beheersen om het verstandig te gebruiken.

- **Professionele context?** Zoeken naar werk, presentatie van een project, bedrijfscommunicatie, marketing van een product of dienst.

- **FAQ?**

  - Waar is storytelling voor?

  - Wat zijn de toepassingen van storytelling in het bedrijfsleven?

  - Hoe bouw je een verhaal op?

  - Wat zijn de risico's waarmee rekening moet worden gehouden bij het bekijken van storytelling?

  - Wat maakt storytelling effectief?

  - Waar vind je inspiratie voor storytelling?

> *"Verhalen vertellen is de grammatica van de communicatie.*
>
> *Sébastien Durand*

Storytelling is verre van een communicatietechniek die de laatste jaren, in ons "digitale tijdperk", is ontstaan. Deze "kunst van het bedenken en vertellen van verhalen" bestond al in het oude Griekenland, in de tijd van Homerus (VIIIe eeuw v.Chr.). Als individuen zijn we altijd al gevoeliger geweest voor informatie wanneer die in de vorm van een verhaal wordt gepresenteerd.

Waarom? Vooral omdat een verhaal de emoties aanspreekt en mensen op een veel persoonlijker manier raakt dan welke andere vorm van boodschap dan ook.

Wat is er effectiever dan een verhaal wat karakter en persoonlijkheid te geven om de aandacht even vast te houden in een hyper communicatieve omgeving? Want te midden van deze overvloed aan informatie kan het moeilijk zijn om enerzijds de informatie te vinden die u zoekt en anderzijds, en vooral, om doeltreffend te communiceren zodat uw boodschap een kans heeft om gehoord te worden.

Het gebruik van storytelling kan dus een aanzienlijk verschil maken, zowel persoonlijk als professioneel, mits je de belangrijkste principes beheerst. Het is een delicaat evenwicht tussen personaliseren en bagatelliseren van je boodschap, tussen een toe te passen methode en een te ontwikkelen "merk". Maar bovenal is het een creatief, intellectueel proces, vol betekenis voor zowel u als uw doelgroep, en het belang van de door uw boodschap opgewekte emoties mag nooit over het hoofd worden gezien. Of u nu op zoek bent naar een baan, een project presenteert waarvoor u verantwoordelijk bent of een nieuwe interne communicatie ontwikkelt, vertel uzelf geen verhalen, uw beheersing van storytelling doet het voor u!

HET ABC VAN SUCCESVOLLE STORYTELLING

STORYTELLING: *WAT IS HET?*

Storytelling wordt al sinds mensenheugenis gebruikt en is geboren met de mensheid zelf, maar de storytelling zoals we die nu kennen, is midden jaren negentig ontstaan in de Verenigde Staten. De grondlegger van de moderne storytelling is Steve Denning (geboren in 1944), een communicatiedeskundige en specialist op dit gebied, die zijn eigen verhaal herschreef, om niet te zeggen zijn eigen legende, de "Zambia Story":

> *"Na een succesvolle carrière bij de Wereldbank werd ik in 1996 benoemd tot directeur van het kennismanagementprogramma. Ik probeerde de managers van de Wereldbank te overtuigen van het belang van Kennismanagement, maar mijn collega's en managers waren doof voor mijn argumenten. Ik probeerde de managers van de Wereldbank te overtuigen van het belang van Kennisbeheer, maar mijn collega's en managers luisterden niet. Dus, na alles geprobeerd te hebben, gebruikte ik uiteindelijk, enigszins wanhopig, het verhaal van een gezondheidswerker in Zambia die de antwoorden op zijn vragen over de behandeling van malaria vond op de website van de Centers for*

Hij betoogt dat in onze moderne samenlevingen de klassieke communicatie haar grenzen heeft bereikt, dat wat de totale onverschilligheid van het publiek verklaart voor de meeste boodschappen die dagelijks worden gezien en ontvangen. In het bijzonder bekritiseert Denning de traditionele trilogie van overtuigend spreken:

- probleemstelling;

- probleemanalyse;

- een passende oplossing aan te bevelen.

Het stelt nu een communicatietrilogie voor die meer aansluit bij de huidige manier van kijken en die gebaseerd is op storytelling. Dit is gebaseerd op de volgende elementen:

- de aandacht van het doelwit trekken;

- verandering aan te moedigen;

- haar te overtuigen door het gebruik van beredeneerde argumenten.

De term "storytelling" is inmiddels ingeburgerd, niet alleen in de wereld van het management, maar ook in de politiek en op vele andere terreinen. Storytelling is het creëren of herscheppen van een verhaal op basis van fictieve of werkelijke gebeurtenissen en handelingen. Het maakt niet uit welke vorm het verhaal aanneemt, zolang het maar gebaseerd is op de werkelijkheid of de aangepaste werkelijkheid.

Het hoofddoel van verhalen vertellen is dus overbrengen, verleiden en overtuigen door middel van een communicatie die informatie en emotie, rede en passie met elkaar verzoent. In deze benadering zijn de wens om betekenis te geven aan de band die met de ontvanger van de boodschap zal ontstaan en de wens om deel te nemen aan dit "mooie verhaal" essentieel. Immers, wat is belangrijker in communicatie, zowel op professioneel als op persoonlijk niveau, dan erin slagen de persoon met wie je communiceert te raken, zodat deze de boodschap zonder al te veel moeite onthoudt?

TYPOLOGIEËN

Verhalen vertellen is een communicatietechniek die des te doeltreffender is omdat ze op de emoties inspeelt. Maar om een storytelling te creëren en uit te voeren, moet je rekening houden met het toepassingsgebied ervan. Hoewel elk verhaal essentiële elementen bevat, stellen sommige sectoren, zoals het bedrijfsleven, andere eisen.

Ondanks de schijnbare diversiteit van de verhalen die bedrijven voortdurend ten tonele voeren, heeft Sébastien Durand, een vooraanstaande consultant in communicatie en storytelling, ze gegroepeerd in zeven verschillende typologieën, die worden gepresenteerd in de vorm van een wekelijkse kalender.

Deze zeven soorten verhalen vormen slechts een "narratief kader", d.w.z. een basis, een uitgangspunt bij de constructie van een storytelling over een bedrijf. Als je eenmaal hebt bepaald tot welke typologie je behoort, wordt het vertelmodel duidelijker en zijn de elementen waaruit het verhaal bestaat, zoals de held, de obstakels en de oplossingen, gemakkelijker in een samenhangend en dus effectief verhaal te gieten.

 ## BLIJF CREATIEF!

Hoewel deze zeven typologieën je op weg kunnen helpen met het vertellen van verhalen, is het belangrijk om je niet vast te pinnen op deze narratieve kaders. Het zijn slechts richtsnoeren en zeker geen dwingende regels in het bedrijfsleven. Behoud koste wat kost de creatieve dimensie, die een grote kracht van verhalen vertellen is!

TOEPASSINGSGEBIEDEN

Buiten het bedrijfsleven wordt storytelling als communicatietechniek in vele andere sectoren gebruikt.

Communicatie

Communicatie is het verspreiden van een boodschap. Aangezien storytelling een communicatietechniek is, ligt het voor de hand dat dit onderwerp als eerste aan bod komt. Het is goed te wijzen op het transversale karakter van communicatie, dat uiteraard in alle andere

hieronder genoemde gebieden voorkomt, en op de aan-
passing ervan aan allerlei specifieke situaties die verschillende technieken vereisen. Enkele voorbeelden:

- institutionele communicatie;

- interne communicatie;

- externe communicatie;

- crisiscommunicatie;

- strategische communicatie;

- politieke communicatie;

- zakelijke communicatie;

- internationale communicatie;

- culturele communicatie.

👁 KLEINE VERDUIDELIJKING

Al deze onderling samenhangende gebieden moeten
in aanmerking worden genomen. Het is bijvoorbeeld
heel goed mogelijk om storytelling toe te passen op
basis van crisiscommunicatie voor een internatio-
naal bedrijf. Hier worden drie deelgebieden met hun
eigen eisen samengebracht.

Aangezien het de ambitie is verder te gaan dan beschrij-
vende en lineaire retoriek, breekt storytelling met de
traditionele communicatie, die gebaseerd is op externe,
objectieve en geleerde elementen. Het brengt de geest
van elke persoon in situaties die het imaginaire met het

geleefde verbinden, het bijzondere met het globale, het persoonlijke onbewuste met het collectieve onbewuste. Storytelling doet dus een beroep op de subjectiviteit van de gesprekspartners op basis van de subjectiviteit van de spreker: de boodschappen zijn rond dit basisprincipe opgebouwd. Het gaat er nu om een relationele functie te vervullen en niet langer alleen te proberen gedrag te beïnvloeden.

Marketing

Net als communicatie is marketing een vrij transversale tak die zowel in bedrijven als in instellingen voorkomt. Storytelling diversifieert en vernieuwt dus vooral de benaderingen en instrumenten die traditioneel in deze sector worden gebruikt.

Het leven van organisaties

Bedrijven vertrouwen het meest op storytelling, hetzij om een nieuw product of dienst te verkopen, om nieuwe waarden te communiceren of op het niveau van het interne management. De door bedrijven gebruikte storytelling heeft tot doel een nieuwe relatie tot stand te brengen, een verhaal met de klant te delen, en niet alleen de aankoop van een product of een dienst uit te lokken.

Management en human resources

Deze twee specialiteiten ontwikkelen een speciale relatie met het vertellen van verhalen, waardoor ze het menselijke element kunnen benadrukken. In het geval van management wekt het belangstelling en solidariteit tussen teams rond vraagstukken of projecten, en in het geval van human resources betrekt het de werknemers meer bij het bedrijf en zijn geschiedenis.

Kandidaat punt

Op persoonlijk vlak kan het op basis van een zoektocht naar een baan interessant zijn om oordeelkundig een verhaal over iemands professionele loopbaan samen te stellen, om tijdens een sollicitatiegesprek een sterker beeld te geven. Dit proces vereist tijdrovende reflectie. Het is inderdaad noodzakelijk verbanden te leggen tussen uw opleiding, uw activiteiten en uw beroepservaring, en de samenhang tussen al deze elementen aan te tonen door middel van een verhaal waarin u de hoofdpersoon bent. Dit verhaal zal gebaseerd zijn op concrete feiten, maar de rode draad en de manier waarop u uw loopbaan presenteert zullen belangrijk zijn. Je kunt deze storytelling ook publiceren in de "Summary" sectie van je LinkedIn account om het maximale zichtbaarheid te geven.

Het beleid

Politieke verhalen vertellen is heel gewoon, maar ook heel controversieel. Hoewel het kan worden gebruikt om de menselijke en symbolische dimensies van een samenleving te bevorderen, wordt het vaak gebruikt voor manipulatieve doeleinden met minder deugdzame bedoelingen. Wanneer het verstandig wordt gebruikt, op basis van een gemeenschappelijke ervaring, kan het een relatie, of zelfs een zeker vertrouwen, creëren die bevorderlijk is voor het opstellen van een collectief avontuur. Dit kan op zijn beurt het politieke veld, dat doorgaans besmet is met negatieve beelden, nieuw leven inblazen en het burgerschap en de uitdrukking van de democratie nieuw leven inblazen.

En vele anderen...

Natuurlijk wordt storytelling ook gebruikt op andere gebieden, zoals economie, geneeskunde, psychologie, journalistiek, pedagogie en zelfs de sociale wetenschappen. Omdat het een nieuwe dynamiek creëert, wordt het op veel gebieden gebruikt en zal het dat blijven doen, zeker in dit nieuwe digitale tijdperk, waarin de hoeveelheid informatie die wordt vrijgegeven steeds groter wordt.

Ten slotte mag niet worden vergeten dat al deze toepassingsgebieden van storytelling betrekking hebben op verschillende doelgroepen - klanten, werknemers, recruiters, kiezers, enz. - Dit zijn de mensen die uw boodschappen zullen ontvangen, en zij zijn het die centraal zullen staan in uw verhalen. Dit zijn de mensen die uw boodschappen zullen ontvangen en het is met hun emoties dat uw verhaal zal worden geïnterpreteerd.

DE ESSENTIE VAN VERHALEN VERTELLEN

Iedereen doet aan storytelling, opzettelijk of niet. Daarom is het voor iedereen nuttig om bepaalde elementen te kunnen identificeren die essentieel zijn voor elk verhaal, ongeacht het terrein of het beoogde doel. Het zijn deze elementen die deze communicatietechniek doeltreffend maken en een andere relatie met de ontvanger van de boodschap mogelijk maken.

Voorwaarde

Begin, logisch genoeg, met het definiëren van het doel van je verhaal, het "waarom ik het vertel".

In het geval van een onderneming moet bijvoorbeeld worden nagegaan wat de bestaansreden van de onderneming is, d.w.z. wat zij de samenleving in het algemeen oplevert en hoe zij aan de verwachtingen van haar klanten voldoet. Daarvoor moet u uw doelgroep goed kennen. Zo kunt u gemakkelijker het beeld bepalen dat u wilt overbrengen, bijvoorbeeld dat van een bedrijf dat deskundig is op zijn gebied, of dat dicht bij de mensen staat, onderhoudend, modern, enz. Maak van daaruit een lijst van elementen die in een verhaal kunnen worden omgezet, zoals het ontstaan van het merk, de innovatieve kant ervan, de plaats(en) van productie, de mythische figuur van de oprichter, enz.

U kunt nu een duidelijk doel stellen voor uw aanpak, of het nu is om uw merkverhaal te vertellen, het imago van een historisch bedrijf te moderniseren, uw producten tot leven te brengen, de merkervaring voor klanten te verbeteren, te laten zien dat u er bent en uw aanwezigheid voor de lange termijn levend te houden, enz.

Eerste opbouw van het verhaal

Laten we overgaan tot de opbouw van het verhaal zelf. Om te beginnen heeft elk verhaal normaal gesproken de volgende zeven elementen nodig:

- één of meer personages, idealiter slechts één hoofdpersoon om de opbouw van je verhaal te vergemakkelijken;

- een of meer locaties;

- een tijdelijkheid, continu of niet (sprongen in de toekomst en/of terug in het verleden);

- een perceel;

- het standpunt van een verteller (personage of externe stem);

- een specifieke verteltoon (formeel, informeel, humoristisch, parodisch, enz.);

- een onderwerp of thema dat het in het vorige punt omschreven doel van uw verhaal weerspiegelt.

 ## HET THEMA VAN HET VERHAAL

Een goede manier om een origineel en gedenkwaardig verhaal te produceren is het personage zichzelf en de richting van het verhaal te laten bepalen door de beslissingen die ze nemen en de acties die ze ondernemen. Kortom, houd altijd het doel van je verhaal voor ogen - het "waarom ik het vertel" - en laat de boodschap zich vormen door je creativiteit naarmate het verhaal vordert. Het is belangrijk om niet te blijven steken in een specifiek thema: dan kun je de andere elementen misschien niet goed benutten en krijg je een steriel verhaal. Met deze methode lijkt het thema op natuurlijke wijze voort te vloeien uit de andere zes elementen.

In dit stadium gaat het erom deze elementen afzonderlijk te leggen, zonder er inhoud aan toe te voegen. Je bepaalt bijvoorbeeld wie het personage is, maar je denkt nog niet na over zijn of haar karakter of gedrag.

Bovendien zijn er drie soorten verhalen:

- verhalen gebaseerd op persoonlijke ervaringen;

- traditionele verhalen (die natuurlijk opnieuw moeten worden bewerkt);

- verzonnen verhalen, vaak een combinatie van verschillende elementen uit eigen ervaring.

Als je eenmaal de aard van je verhaal en de basiselementen ervan hebt bepaald, ben je klaar om je verhaal gedetailleerder en creatiever op te bouwen.

Ontwikkeling van het verhaal

Er zijn verschillende stappen te overwegen om verder te gaan met de opbouw en montage van je verhaal door het werken aan de inhoud ervan.

- Stap 1: Bepaal de zoektocht. Dit is de zoektocht die de aandacht van uw doelgroep zal trekken. Je zoektocht wordt mede bepaald door de plot en de typologie die je hebt gekozen. Je kunt bijvoorbeeld de dinsdag- of zaterdagtypologie gebruiken, zodat je een zoektocht kunt definiëren die gericht is op het verwerven van iets of op het bevrijden van de zintuigen en het over- winnen van bepaalde grenzen.

- Stap 2: Karakteriseer de protagonist(en). Hier breng je je personage(s) tot leven. Als je hebt besloten dat je verhaal meer dan één held zal hebben, zorg er dan voor dat elke held een persoonlijkheid, gedrag of fysieke eigenschap heeft die hem onderscheidt van de anderen. Merk op dat een hoofdpersoon ook een gepersonaliseerd ding kan zijn, zoals je carrière als je storytelling gebruikt op een persoonlijk niveau, of een waarde, een staat, een regel, enz.

- Stap 3: Bepaal de antagonist, d.w.z. het element dat je personage in de problemen gaat brengen. Dat kan een ander personage zijn, een situatie, een voorwerp, een waarde, een behoefte, enz. Een groot aantal elemen- ten kan het karakter tegenwerken, elementen die je misschien al in gedachten hebt. Neem de tijd om aan je antagonist te werken, want zonder hem of haar is het verhaal, zonder obstakels, niet meer zo interes- sant.

- Stap 4: creëer de gebeurtenissen, die logisch volgen uit de hierboven gedefinieerde antagonist. De hoofd- persoon maakt verschillende gebeurtenissen mee die leiden tot verschillende gevoelens (geluk, verdriet, angst, enz.), maar die hem er niet van weerhouden vooruit te gaan.

- Stap 5: Los de crisis op en voltooi de zoektocht. Wanneer de spanning op zijn hoogst is, is het essentieel dat iets de knoop ontrafelt die in de loop van het verhaal is ontstaan. Natuurlijk moet dit element niet plotseling uit het niets verschijnen. Consistentie is de sleutel! Bovendien mag het verhaal niet slecht aflopen, want het doel van storytelling is om positieve inhoud over u of uw organisatie te verspreiden.

- Stap 6: Herstart het verhaal. Deze stap is echt uniek voor storytelling. Terwijl verhalen in films of boeken kunnen eindigen bij stap 5, moet jouw verhaal niet eindigen met het voltooien van de zoektocht. De vertellers van uw verhaal, uw doelgroep, moeten het kunnen meenemen en verspreiden onder anderen. Een goed verhaal is een verhaal dat mensen zelf willen vertellen.

- Stap 7: Breng het terug naar de realiteit. Ten slotte is het belangrijk om het verhaal te koppelen aan de persoon die het vertelde, d.w.z. een politicus, een vereniging, een merk, een individu, enz. Zonder deze associatie zal uw verhaal waarschijnlijk worden vergeten, ondanks de impact die het had op uw vertellers. Zonder deze associatie zal uw verhaal waarschijnlijk snel vergeten worden, ondanks de impact die het op uw vertellers heeft gehad.

Nu heb je het raamwerk van je verhaal klaar, en dat zou het makkelijker moeten maken om de verschillende elementen op te bouwen en samen te voegen. Je bent een stap dichter bij je doel. Er zijn echter nog een paar "ingrediënten" die belangrijk zijn voor het succes van je storytelling.

Moet hebben

Wil een verhaal meer zijn dan alleen een verhaal, dan heeft het een paar extra ingrediënten nodig. Hier zijn vier elementen die in je storytelling moeten voorkomen:

* een pakkend begin. De manier waarop je een verhaal begint, net als de manier waarop je het eindigt, is cruciaal voor een effectief verhaal. Er zijn vele manieren om je verhaal te beginnen, waaronder het traditionele "Er was eens…". Dit is ongetwijfeld een zeer verleidelijke manier om te beginnen, maar pas op dat u het niet te veel gebruikt. Het moet echter niet verboden worden, en kan zelfs origineel zijn wanneer het in een andere context dan het vertellen van verhalen wordt gebruikt, bijvoorbeeld in een managementverhaal. Naast deze beroemde formule kun je je verhaal ook beginnen met "Stel je voor…", "Dit is de passie die me drijft…", "Ik herinner me…", "Op een dag…", "Ik heb altijd…", "Wie heeft nooit…", enz. Het is aan jou om origineel te zijn;

 **VOORBEREIDINGSTIP**

Werk eerst aan het grootste deel van je verhaal, zodat je niet aan dit haakje blijft hangen. Als je eenmaal de essentie van je verhaal hebt bepaald, wordt het gemakkelijker om een pakkende opening te bedenken en verschillende mogelijkheden te testen op basis van je verhaal.

- emoties. Storytelling draait om emotie. Het zijn subjectieve, affectieve, sensaties. Dat maakt het fundamenteel anders dan de zogenaamde klassieke communicatie. Een boodschap is doeltreffend voor zover zij geloofwaardig is en voor zover het publiek waarvoor zij bestemd is, bereid is haar die geloofwaardigheid te verlenen. En het is door de emoties die het oproept dat deze geloofwaardigheid zal worden verleend. Houd uw doelgroep dus centraal in de opbouw van uw verhaal. Hun gedachten zijn het doek waarop u uw verhaal zult schilderen; vraag uzelf steeds af wat hun reacties zouden zijn. Wees echter voorzichtig om niet alleen op emoties te vertrouwen, anders verliest je verhaal zijn effectiviteit. Het is allemaal een kwestie van dosering, zoals vaak het geval is;

- passie. Dit moet worden opgevat als de essentiële "energie" voor een goed verhaal. En de passie waarover je moet praten is niet zozeer die van jezelf (bedrijf, politiek, jezelf) als wel die van je doelwit. Aangezien het uw publiek is dat het verhaal zal ontvangen, moet het hun passie (voor een bedrijfstak, een product, een dienst, een waarde, enz.) op een subtiele en slimme manier overbrengen, zodat zij het kunnen herkennen. U bent vaak slechts een instrument om deze passie voor hen tot leven te brengen;

👁 KANDIDAAT PUNT

Het spreekt vanzelf dat verhalen die voor persoonlijke doeleinden worden gebruikt, om iemands reis in scène te zetten, minder speelruimte hebben. Dit passionele of energetische aspect zal dus moeilijker naar voren te brengen zijn, maar het is niet onmogelijk. U kunt bijvoorbeeld inspelen op de passie van uw rekruteerder (en dus van het bedrijf) voor profielen zoals het uwe, voor een vaardigheid die het bedrijf bijzonder waardeert of voor een knowhow die alleen het bedrijf aankan.

- beelden, voorstellingen. Vertellers moeten visueel gestimuleerd worden. Ze moeten zich het verhaal kunnen voorstellen, het kunnen visualiseren terwijl het zich ontvouwt. Hoe kunnen we deze visuele voorstellingen uitlokken? Met details die hen vertrouwd zijn, die hen aanspreken, die situaties of sensaties oproepen die zij al hebben meegemaakt. Deze beelden in hun hoofd opwekken is essentieel; hun verbeelding doet de rest.

UITGEBREIDE BEOORDELINGEN

Je verhaal is klaar. Nu moeten we alleen nog de details doornemen en een paar laatste vragen beantwoorden voordat we met de uitzending beginnen.

- Is je verhaal duidelijk? Niet alleen voor de ontvangers, maar ook voor jou? Want als het doel van je verhaal is om het zich eigen te maken, is het essentieel dat je het je eerst eigen maakt. Een verhaal vertellen is niet zo moeilijk, maar er leven en geloofwaardigheid aan geven is een heel ander verhaal! Dus je moet het geheel beheersen en er onvoorwaardelijk flexibel mee omgaan.

- Dient je storytelling een doel? Door op te gaan in de opbouw van het verhaal kun je het einddoel dat je met deze techniek probeert te bereiken uit het oog verliezen. Wat wilt u met deze vorm van communicatie bereiken?

- Stelt uw verhaal uw publiek centraal? Stel jezelf deze vraag, want als het antwoord nee is, steven je af op een ramp. Vooral als u (bedrijf, organisatie, beleid, product, enz.) de hoofdrolspeler van het verhaal bent. Niet vanwege jou, maar omdat het verhaal over hen gaat, zullen je vertellers zich ermee kunnen identificeren.

- Is uw verhaal geschikt voor uw doelgroep? Of het nu gaat om de stijl, de aard van het verhaal, de gebeurtenissen of het personage, deze elementen moeten bekend zijn bij uw doelgroep. Het lijkt essentieel dat u goed begrijpt wie uw publiek is en wat hun zorgen zijn. Als u vindt dat het antwoord op deze vraag grijze gebieden bevat, neem dan de tijd om de vraag opnieuw te analyseren en herzie uw hele verhaal op basis van deze vector.

- Zorgt jouw verhaal ervoor dat andere mensen het willen horen? Zo ja, dan is je verhaal effectief. Het uiteindelijke doel is dat uw verhaal een reactie uitlokt zoals "Ik moet dit met iemand delen...".

VERSPREIDING VAN VERHALEN

Het is nu tijd om je verhaal naar buiten te brengen en het te laten verspreiden. Ook hier zijn er verschillende dingen om rekening mee te houden.

Uw doelgroep zal grotendeels uw distributiekanalen bepalen, aangezien u hen rechtstreeks wilt bereiken. Maar wees ervan bewust dat tegenwoordig de interconnecties tussen alle media steeds sterker worden. Je kunt hier dus net zo goed gebruik van maken en direct in termen van "transmedia" denken, d.w.z. een combinatie van verschillende media gebruiken en op elk daarvan verschillende inhoud ontwikkelen om het verhaal te verrijken, terwijl je de interactiecapaciteiten bevordert volgens de specifieke kenmerken van elk medium.

Daardoorzult u uw verhaal moeten aanpassen aan verschillende media, zodat het geschikt is voor de verschillende media waarop het zal worden uitgezonden. Je hebt verschillende keuzes, bijvoorbeeld een platform creëren dat het verhaal centraliseert en naar alle gekozen media stuurt of verschillende media na elkaar gebruiken om het verhaal te vertellen.

 ## VOORBEELD VAN EEN TRANSMEDIACAMPAGNE: ONLYLYON

De stad Lyon is begonnen aan een transmedia storytelling project, met als doel Lyon en zijn keuken vanuit een nieuwe invalshoek te laten zien. De centrale figuur hier is een concept, de Chef Factory. Het is een mysterieuze en prestigieuze school die naar verluidt de grootste koks heeft opgeleid en aan de oorsprong ligt van een groot aantal Franse culinaire geheimen. De plot is dus gebaseerd op echte elementen, maar ook op enkele fictieve feiten.

Gedurende meerdere jaren werd een trans mediaal systeem opgezet, op verschillende media en in verschillende steden, zowel in Frankrijk als in het buitenland. De inhoud is verschillend, afhankelijk van de media. Er zijn:

- een film voor internationale televisie en voor het web, beschikbaar op een speciale website en op sommige blogs, om het verhaal op te zetten met achtergrondinformatie;

- *straatmarketingacties* in verschillende buitenlandse hoofdsteden (Brussel, Genève, New York, enz.), zoals proeverijen, spelletjes of wedstrijden;

- een officiële Facebookpagina van de school om het verhaal tot leven te brengen op sociale netwerken, met name via de sociale accounts van bepaalde leerlingen en docenten (Twitter, Tumblr, Instagram, enz.). Deze conversatieruimtes zijn bedoeld om de verschillende fasen van de campagne onder de aandacht te brengen en een directe relatie met kookfans tot stand te brengen;

- storymaking om de basis storytelling te voeden, via een gepersonaliseerde kit die beschikbaar is voor foodbloggers uit verschillende landen zodat zij een anekdote kunnen schrijven over hun tijd in de Chef Factory en zo bijdragen tot het in stand houden van de mythe;

- een grimoire, dat een sleutelelement is van de film en het verhaal, dat zal worden tentoongesteld in de Halles de Lyon Paul Bocuse, een ware tempel van de gastronomie;

* sommige inhoud gereserveerd voor de meer nieuwsgierigen.

TOP TIPS

- Storytelling vertelt niet jouw verhaal, maar een verhaal dat jou dient. Het is dus een instrument. Het is DE gouden regel die je hoe dan ook moet respecteren.

- Praat ook niet over jezelf, maar over de mensen met wie je praat. Zij zijn degenen die het verhaal zullen dragen, en dat is precies wat storytelling anders maakt dan andere communicatietechnieken. Betrek hen zoveel mogelijk bij het verhaal, want het is de interactie tussen de verteller en de vertellers die het verhaal tot leven brengt.

- Trek hun aandacht en verras hen, op een weloverwogen en redelijke manier natuurlijk. Een verhaal zal bijvoorbeeld meer impact hebben als het verband houdt met een belangrijk moment voor uw ontvangers: een actuele gebeurtenis bijvoorbeeld. Hoe meer u in staat bent hun aandacht te trekken en hen te verrassen, hoe meer kans u maakt om uw verhaal te verspreiden.

- Stimuleer de verbeelding door middel van metaforen, analogieën en andere hulpmiddelen. Visuele voorstellingen moeten zoveel mogelijk worden uitgelokt.

- Zet emotie centraal in je verhaal, zonder een deel van de rede helemaal te laten varen. Emotie is meer dan belangrijk, het is essentieel, en dat maakt het verschil met traditionele communicatie. De ontvanger van de boodschap ervaart emoties die hem anders zullen leiden.

- Pas je verhaal aan aan het medium dat je kiest. Aarzel niet om hun diversiteit uit te buiten, door de lengte en de vorm van uw verhaal te variëren. Dit geeft het nog meer leven en kracht.

- Beperk je creativiteit niet. Als u enkele basisstappen volgt met de nodige ingrediënten, zal de creativiteit leiden tot de originaliteit van uw storytelling en zo het succes ervan garanderen.

- Besteed zoveel mogelijk tijd aan de voorbereiding, maar vooral aan de manier waarop uw verhaal wordt gebracht. Je zult het steeds moeten herhalen om het je eigen te maken, zodat je doelgroep het zich eigen kan maken.

- Houd het eenvoudig, authentiek en vrij, zodat de ontvangers de ervaring met hun verbeelding kunnen nastreven. Probeer dus niet een buzz te creëren of mensen in het algemeen over je te laten praten, of je mist het punt volledig.

- Accepteer dat de ontvangers je verhaal overnemen, het tegenspreken en er anders mee omgaan, zelfs als dat betekent dat ze het opnieuw moeten interpreteren. U moet de creativiteit van uw publiek niet beperken, net zo min als u uw eigen creativiteit moet beperken. En wie weet geven ze je iets om op voort te bouwen door een coherent vervolg te creëren. Dit zal ervoor zorgen dat uw verhaal in de tijd en in de hoofden van de mensen blijft hangen.

FAQ

WAAR IS STORYTELLING VOOR?

Er zijn verschillende soorten verhalen met verschillende bedoelingen:

- zinvol;

- zichtbaarheid krijgen;

- haar imago te verbeteren of te veranderen;

- geruststellen;

- verkopen;

- loyaliteit opbouwen.

Deze bedoelingen variëren natuurlijk naargelang van het gebied waarin storytelling wordt gebruikt. Het is duidelijk dat bedrijven het heel vaak zullen gebruiken om te verkopen, maar niet alleen. Op persoonlijk vlak kan het de bedoeling zijn betekenis te geven aan iemands reis of zichzelf gerust te stellen over de ingeslagen richting.

WAT ZIJN DE TOEPASSINGEN VAN STORYTELLING IN HET BEDRIJFSLEVEN?

Er zijn veel toepassingen van storytelling in het bedrijfsleven, vooral sinds de komst van Web 2.0, en dat zijn meestal de enige die als voorbeeld worden genoemd, hoewel er veel andere toepassingsgebieden van deze techniek zijn.

Bedrijven gebruiken storytelling uitgebreid om:

- hun producten of diensten te verkopen;

- hun geschiedenis, missie of waarden communiceren;

- de interne communicatie te verbeteren, met name via HR;

- hun managementstijl nieuw leven inblazen.

HOE BOUW JE EEN VERHAAL OP?

Als je eenmaal een duidelijk doel voor ogen hebt, is het bouwen van een verhaal niet zo moeilijk als het lijkt. Je moet een beetje creatief zijn, maar vooral methodisch en vanaf het begin een duidelijk idee hebben van de basisstructuur van het verhaal. Een goed verhaal kan als volgt worden samengevat: een hoofdpersoon, een vraagstuk, een probleem, de oplossing ervan, de effecten van de oplossing en een oproep tot actie.

Bovendien kan de verteller met een goed verhaal de aandacht van het publiek trekken door een zoektocht met hen te delen. Vervolgens ontvouwt de verteller het verhaal door de plaats van de protagonist(en), de antagonist(en), de gebeurtenissen en hun oplossingen te rangschikken. Ten slotte moet het verhaal eindigen met een les die het verhaal opnieuw lanceert, en een logische associatie met de verteller bieden, zodat de verteller in de hoofden van het publiek met de vertelling wordt verbonden.

WAT ZIJN DE RISICO'S WAARMEE REKENING MOET WORDEN GEHOUDEN BIJ HET BEKIJKEN VAN STORYTELLING?

Het grootste risico is het vertellen van een verhaal om het vertellen van een verhaal, met andere woorden, het creëren van een verhaal dat zinloos en oninteressant is voor zowel u als uw publiek. Daarom is het van essentieel belang het doel van uw verhaal te bepalen en u daaraan te houden.

Bovendien zijn er twee belangrijke redenen waarom storytelling mislukt:

- het verhaal gaat niet over de vertellers maar over de verteller;
- het verhaal is gebaseerd op logica en niet op emoties.

Het is ook gebruikelijk voor:

- Er wordt te veel nadruk gelegd op de overdracht van de boodschap, waardoor het verhalende aspect wordt verwaarloosd;
- het verband tussen het verhaal en de boodschap is niet duidelijk genoeg;
- de emotionele dimensie is slecht beheerd, d.w.z. er is geen emotie of juist te veel.

WAT MAAKT STORYTELLING EFFECTIEF?

De doeltreffendheid van storytelling in vergelijking met andere communicatietechnieken ligt in de emotionele dimensie en de geloofwaardigheid ervan. Ontvangers zullen zich meer verbonden voelen met het verhaal omdat ze het zich eigen kunnen maken en het kunnen toepassen op hun eigen zaak.

 ## HET VOORBEELD VAN BRITISH AIRWAYS INDIA

Een zeer sprekend voorbeeld hiervan is de campagne van British Airways India, getiteld *A Ticket to Visit Mum*. In deze video, die iets meer dan vijf minuten duurt, zien we een moeder in India en haar zoon, die al enkele jaren in de Verenigde Staten woont. Elk van hen uit zijn verlangens: zijn kind terugzien voor de eerste, zijn geboorteland zien voor de tweede, tijd met elkaar kunnen doorbrengen.

De luchtvaartmaatschappij, hoewel genoemd, brengt het verhaal niet thuis. Het is slechts één element in het verhaal van deze twee mensen, het element dat de plot opbouwt en verrassing mogelijk maakt. Mensen die ver van hun familie wonen of hebben gewoond, kunnen zich bij het bekijken van de video niet anders dan zich in de plaats van de twee hoofdpersonen stellen. Ze voelen weer bepaalde emoties en zullen deze gevoelens zeker willen delen met anderen die hen begrijpen. Het verhaal is absoluut geloofwaardig, omdat het identificatie mogelijk maakt en ook de gevoelens van zijn doelwit aanspreekt. Veel effectiever dan "Reis met British Airways om de feestdagen met uw familie te vieren"!

WAAR VIND JE INSPIRATIE VOOR STORYTELLING?

Ben je bang dat je niet creatief genoeg bent of dat je niet genoeg inspiratie hebt om aan een verhaal te beginnen? Kijk in en om je heen.

• Begin met een inventarisatie van wat je al in huis hebt: je troeven, je ervaringen en zelfs je tekortkomingen. Ze kunnen een startpunt zijn, zo niet voor je verhaal, dan toch om je creativiteit te activeren.

• Kijk naar wat er om je heen gebeurt en wat er gedaan wordt. Hou een oogje in het zeil. Kopieer natuurlijk niet alles wat je vindt, want dat kan het tegenovergestelde effect hebben van wat je wilt. Maar laat u inspireren door uw omgeving en die van de ontvanger van uw verhaal. Mix en match wat je ziet, dit zal je een basis geven en het creatieve proces op gang brengen.

OM VERDER TE GAAN

BIBLIOGRAFISCHE BRONNEN

CERTON (Noémie), "Wat maakt storytelling effectief?", in *Cellie.fr*, geraadpleegd op 26/03/2015.

http://www.cellie.fr/2013/03/20/storytelling-numerique-marque/

DANGEL (Stéphane), *Storytelling Minute*, Parijs, Eyrolles, 2014.

DENNING (Steve), *The Springboard: How Storytelling Ignites Action in Knowledge-Era Organizations*, Hartlands, KMCI Press, 2000.

DURAND (Sébastien), *Storytelling. Réenchantez votre communication*, Parijs, Dunod, 2011.

We horen graag van u! Laat
een reactie achter op jouw online bibliotheek
en deel je favoriete boeken op social media!

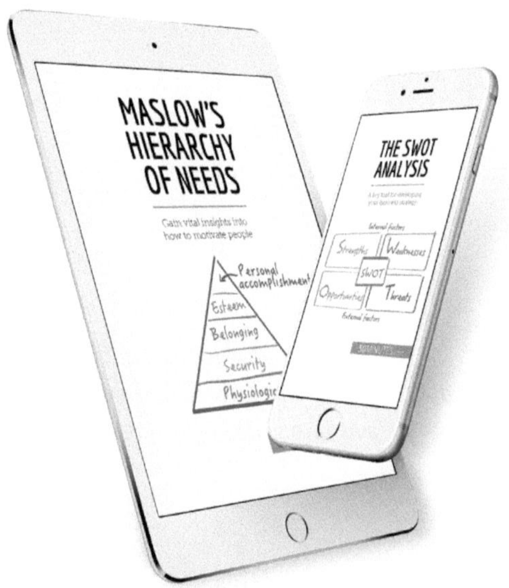

IMPROVE YOUR GENERAL KNOWLEDGE

IN THE BLINK OF AN EYE!

www.50minutes.com

Master ISBN: 9782808604673
Papier ISBN: 9782808605885
Wettelijk depot: D/2023/12603/15

Digitaal ontwerp: Primento,
de digitale partner van uitgevers.